CATALOGUE

DES LIVRES

DE FEU MONSIEUR

MARIOT,

AVOCAT AUX CONSEILS DU ROY.

N°. 1. *de l'Inventaire.*

NTIQUITÉS de Paris, par Sau-
val. *Par.* 1724. 3. *v. in fol.*
N°. 2.
Histoire de Paris, par Felibien & Lo-
bineau. *Par.* 1725. 5. *v. in fol. fig.*
N°. 3.
Oeuvres de Basnage. *Rouen* 1709. 2. *v. in fol.*
N°. 4.
Coutumes de Flandre, par le Grand. *Cambray* 1719.
3. *v. in fol.*   N°. 5.
Bibliothéque du Droit François, par Bechefer.
Par. 1671. 3. *v. in fol.*

A

N°. 6.

Armorial de la France, par M. d'Hozier. *Par.* 1738. & 41. 4. *v. in fol. fig.*

N°. 7.

Oeüvres de du Pleſſis. *Par.* 1726. 2. *v. in fol.*

N°. 8.

Oeuvres d'Auzanet. *Par.* 1708. *in fol.*

N°. 9.

Dictionnaire de Juſtice, Police, & Finance, par Chaſles. *Par.* 1725. 3. *v. in fol.*

N°. 10.

Dictionnaire de Commerce, par Savary ; avec le Supplément. *Par.* 1723. 3. *v. in fol.*

N°. 11.

Dictionnaire univerſel *de Trevoux. Par.* 1732. 5. *v. in fol.*

N°. 12.

Dictionnaire de Moreri ; avec les Supplémens. *Par.* 1725. 35. & 49. 10. *v. in fol.*

N°. 13.

Oeuvres d'Eſt. & Nic. Paſquier. *Amſt.* 1723. 2. *v. in fol.*

N°. 14.

Dictionnaire Geographique, par la Martiniere. *Par.* 1739. 6. *v. in fol.*

N°. 15.

Obſervat. ſur l'Ord. de Louis XV. des Donations, par Furgole. *Toulouſe* 1733. *in fol.*

Ordonnances de la Franche-Comté, par Petremand. *Dole* 1619. *in fol.*

Ordonnances & Placards de Flandres. *Anvers* 1662. 6. *v. in fol.*

N°. 16.

Coutumier général. *Par.* 1724. 4. *v. in fol.*

N°. 17.

Brodeau ſur la Cout. de Paris. *Par.* 1658. 2. *v. in fol.*

N°. 18.

Compilation des Commentateurs ſur la Cout. de

Paris, par de Ferriere. *Par.* 1714. 4. *v. in fol.*

N°. 19.

Molinæi Opera. *Parif.* 1681. 5. *v. in fol.*

N°. 20.

Oeuvres de Choppin, trad. *Par.* 1662. 5. *v. in fol.*

N°. 21.

Oeuvres de Coquille. *Par.* 1646. *in fol.*

Pandectes & Réponfes du Droit François, par Charondas. *Par.* 1637. 2. *v. in fol.*

Traité des Fiefs, par Chantereau le Febvre. *Par.* 1662. *in fol.*

N°. 22.

Traité de la Police, par Delamare. *Par.* 1705. *& fuiv.* 4. *v. in fol. avec l'Addition.*

N°. 23.

Décifions de la Peyrere. *Bordeaux* 1717. *in fol.*

Arrêts de Soefve. *Par.* 1682. *in fol.*

Arrêts de Bardet. *Par.* 1690. *in fol.*

N°. 24.

Arrêts de Louet. *Par.* 1712. 2. *v. in fol.*

N°. 25.

Oeuvres de Henrys. *Par.* 1708. 2. *v. in fol.*

N°. 26.

Journal des Audiences. *Par.* 1733. & 36. 5 *v. in fol.*

N°. 27.

Journal du Palais. *Par.* 1713. 2. *v. in fol.*

N°. 28.

Le Maiftre fur la Coutume de Paris. *Par.* 1700. *in fol.*

Arrêts de Baffet. *Grenoble* 1668. 2. *v. in fol.*

Americæ pars tertia. *in fol. fig. de Bry.*

N°. 29.

Arrêts de Boniface. *Lyon* 1708. 5. *v. in fol.*

N. 30.

Coutumiers de Picardie & de Vermandois. *Par.* 1726. & 28. 4. *v. in fol.*

N°. 31.

Bible Lat. & Franç. de le Maiftre de Saci. *Liege* 1701. 3. *vol. in fol.*

N°. 32.

Corpus Juris Canonici, cum Gloffis. *Par. fub Nave.* 1585. 3. *v. in fol.*

N°. 33.

Loix Ecclefiaft. de France, par M. de Hericourt, *Par.* 1719. *in fol.*

Traité de l'Abus, par Fevret. *Lyon* 1689. *in fol.*

N°. 34.

Loix Civiles, par Domat. *Par.* 1735. *in fol.*

Corpus Juris Civilis, cum notis Gothofredi. *Lugd.* 1650. 2. *v. in fol.*

N°. 35.

Cujacii Opera, ex edit. Fabroti. *Parif.* 1658. 10. *v. in fol.*

N°. 36.

Oeuvres de le Bret. *Rouen* 1689. *in fol.*

Offices de France, par Girard & Joly. *Par.* 1638. 2. *v. in fol.*

N°. 37.

Ordonnances de Fontanon. *Par.* 1611. 3. *v. in fol.*

N°. 38.

Conférence des Ordonnances, par Guenois. *Par.* 1678. 3. *v. in fol.*

N° 39.

Ordonnances de Neron. *Par* 1720. 2 *v. in fol.*

N°. 40.

Ordonnances des Rois de France, par MM. de Lauriere & Secouffe. *Par. Imp. R.* 1723. & *fuiv.* 7. *v. in fol.*

N°. 41.

Compilation des Ordonnances, par Blanchard. *Par.* 1715. 2. *t. en* 1. *v. in fol.*

Recueil concernant la Chambre du Trefor. *Par.* 1641. *in fol.*

N°. 42.

Arrêts de des Maisons. *Par.* 1667. *in fol.*
Bibliotheque des Arrêts, par Jovet. *Par.* 1669. *in fol.*
Plaidoyers de Servin. *Par.* 1640. *in fol.*
Droits du Roy, par Dupuy. *Par* 1655. *in fol.*

N°. 43.

Oeuvres de Loyſeau. *Par.* 1666. *in fol.*
Oeuvres de Bacquet. *Par.* 1688. *in fol.*

N°. 44.

Oeuvres de Ricard. *Par.* 1734. 2. *v. in fol.*

N°. 45.

Hiſt. de la Grande Chancellerie, par Teſſereau ; avec la continuation. *Par.* 1710. 2. *v. in fol.*
Cartes & Diviſions Geograph. de Sanſon. *in fol.*

N°. 46.

Libertez de l'Egliſe Gallic. avec les Preuves. *Par.* 1731. 4. *t.* en 2. *v. in fol.*

N°. 47.

Mémoires du Clergé. *Par. Vitré*, 1646. 3. *v. in fol.*

N°. 48.

Mémoires du Clergé, par le Gentil. *Par.* 1675. 6. *v. in fol.*

N°. 49.

Mémoires du Clergé, par le Merre. *Par.* 1716. & ſuiv. 11. *v. in fol.*

N°. 50.

Procès verbaux des Aſſemblées du Clergé, ſçavoir :
de 1585. & 86. *MS.*
de 1614. & 1615. *imprimé.*
de 1628. *MS.*
de 1635. *MS.*
de 1641. *MS.*
Mémoires de Montchal, avec le Journal de l'Aſ-ſemblée de 1641. *MS.*
de 1650. *imprimé.*

de 1655. & 56. *impr.*
de 1660. & 61. *impr.*
de 1665. & 66. *impr.*
de 1670. *impr.*
de 1675. *impr.*
de 1680. *impr.*
de 1681. & 82. *MS.*
de 1685. *impr.*
de 1690. *impr.*
de 1693. & 95. *impr.*
de 1700. *impr.*
de 1701. *impr.*
de 1705. avec le Rapport. *impr.*
de 1710. & 1711. avec le Rapport. *impr.*
de 1713. & 1714. *impr.*
de 1715. avec le Rapport. *impr.*
de 1723. *impr.*
de 1725. avec le Rapport depuis 1720. juſqu'en 1725. *impr.*
de 1726. *impr.*
de 1730. avec le Rapport. *impr.*
de 1734. *impr.*
de 1735. avec le Rapport. *impr.*
de 1740. & 42. avec le Rapport. *impr.*
de 1745. avec le Rapport depuis 1740. juſqu'en 1745. *impr.*
de 1747. & 48. *impr.*
Le tout en 38. *v. in fol.*

N°. 51.

Arrêts de le Preſtre , par Gueret. *Par.* 1679. *in fol.* G. P.

N°. 52.

Ordonnances de la Ville. *Par.* 1644. *in fol.* G. P. *mar.*

N°. 53.

Les Parlemens de France , par de la Rocheſtavin. *Bourd.* 1617. *in fol.*

N°. 54.

Arrêts de Tournet. *Par.* 1631. 2. *v. in fol.*
Arrêts de Filleau. *Par.* 1630. 2. *v. in fol.*

N°. 55.

Ordonn. & Arrêts de Befançon. *Befançon* 1683. *in fol. br.*
Recueil d'Edits, Arrêts & Reglemens de Befan-çon. *Befançon* 1701, 5. *t. en* 3. *v. in fol.*

N°. 56.

Le Droit commun de la France, & la Cout. de Paris, par Bourjon. *Par.* 1747. 2. *v. in fol.*

N°. 57.

Jurifprudence Canonique, par du Roufleaud de la Combe. *Par.* 1748. *in fol.*

N°. 58.

Arrêts notables de Dijon. *Dijon* 1735. 2. *v. in fol.*

N°. 59.

Dictionnaire des Arrêts, par Brillon. *Par.* 1727. 6. *v. in fol.*

N°. 60.

Dictionn. Oeconomique, par Chomel, avec le Supplément. *Par.* 1740 & 43. 4. *v. in fol.*

N°. 61.

Baronii Annales Ecclefiaftici. *Antverp.* 1597. & *feqq.* 12. *v. in fol.*
Raynaldi Continuatio Baronii. *Coloniæ* 1691. 8. *v. in fol.*
Pagi Critica in Baronium. *Parif.* 1689. *in fol.*
Magendei Antibaronius. *Lugd. Bat.* 1679. *in fol.*

N°. 62.

Hiftoires Genéalogiq. des Maifons de Dreux, Montmorency, Vergy, Guines, Chaftillon, Bethune, & Chafteigniers, par du Chefne. *Par.* 1621. & *fuiv.* 7. *v. in fol.*

N°. 63.

Conference des Coutumes, par Guenois. *Par.* 1620. *in fol.*
Salvaing de l'ufage des Fiefs. *Grenoble* 1668. *in fol.*

N°. 64.

Le Notaire de Papon. *Lyon* 1585. 3. *v. in fol.*

Réponses du Droit François, par Charondas. *Par.* 1612. *in fol.*

Antiquités de Paris, par Malingre. *Par.* 1640. *in fol.*

N°. 65.

Dictionnaire des Arrêts, par Brillon. *Par.* 1711. 3. *v. in fol.*

Ricard des Donations. *Paris* 1669. *in fol.*

Recueil d'Edits & Arrêts concernant la Ferme des Domaines, *Paris* 1671. *in fol.*

N°. 66.

Oeuvres de Despeisses. *Lyon* 1673. 3. *v. in fol.*

Ordonnance de la Ville de 1669. *Par.* 1676. *in fol.*

N°. 67.

Recueil des Trésoriers de France, par Fournival. *Par.* 1655. *in fol.*

Testament Politique du Cardinal de Richelieu. *MS. in fol.*

N°. 68

Hist. Généalogique de la Maison Royale & des Grands Officiers. *Paris* 1726. & *suiv.* 9. *v. in fol.* G. P.

N°. 69.

Corps Diplomatique du Droit des Gens, ou Recueil des Traités de Paix, par Dumont. *Amst.* 1726. & *suiv.* 16. *v. in fol. brochés en carton.*

Supplément au Corps Diplomatique, par Rousset. *Amst.* 1739. 5. *v. in fol.*

Hist. des Traités & Négociations du 17e. siécle, (par de Saint-Prest.) *Amst.* 1725. 2. *v. in fol.*

Négociations de Munster. *La Haye* 1724. 4. *v. in fol.*

N°. 70.

N°. 70.

Ordonnances des Eaux & Forêts, par de Sainc-tyon. *Par.* 1610. *in fol.*

Coutumier Général. *Par.* 1635. 2. *vol. in fol.*

Stile & Pratique judiciaire, de Jean Milles. *Lyon* 1556. *in fol.*

Oeuvres de le Bret. *Par.* 1643. *in fol.*

Ordonnances & Réglemens de l'Alface. *Colmar* 1738. *in fol.*

Statuts & Priviléges de la Noblesse de la Basse Al-face. *Strasbourg* 1713. *in fol.*

N°. 72.

Hist. de la Milice Françoise, par Daniel. *Par.* 1721. 2. *v. in* 4. *fig.*

N°. 75.

Procédures criminelles des Officialités, par de Combes. *Par.* 1726. *in* 4.

Fuet des Matieres Bénéficiales. *Par.* 1723. *in* 4.

Recueil des Reglemens & Ordonnances sur le fait de la Marine. *Par. Imp. R.* 1677. *in* 4.

N°. 76.

Traité des Criées & Decrets, par Thibault. *Dijon* 1746. *in* 4.

Jurisprudence du Pays de Droit écrit & Coutu-mier, par du Rousseaud de la Combe. *Par.* 1736. *in* 4.

Arrêts sur rapport de la 4e. des Enquêtes, (par M. de Grainville.) *Par.* 1750. *in* 4. *ex. d.*

N°. 77.

Code de la Voyerie. *Par.* 1735. *in* 4.

De l'ufage des Fiefs en France, par Bruffel. *Par.* 1727. 2. *v. in* 4.

N°. 78.

Histoire d'Allemagne, par le P. Barre. *Par.* 1748. 11. *v. in* 4.

N°. 79.

Priviléges de la Ville d'Angers, par M. Robert. *Angers* 1748. *in* 4.

Coutumes locales d'Artois. *Par.* 1746. *in* 4.

Etat des Unions des Maladeries aux Hôpitaux. *Paris* 1705. *in* 4.

N°. 80.

Stile du Châtelet. *Par.* 1746. *in* 4.

Dictionnaire de Droit & de Pratique, par de Ferriere. *Paris* 1749. 2. *v. in* 4.

N°. 81.

L'Art de vérifier les Dattes des Faits historiq. des Chartes &c. par les Bénédictins. *Paris* 1750. *in* 4.

N°. 82.

Privileges des Foires de Lyon. *Lyon* 1649. *in* 4.

Bruneau des Matieres Criminelles. *Par.* 1716. *in* 4.

Maniere de poursuivre les Crimes ; avec les Loix Criminelles. *Par.* 1739. *in* 4.

Recueil d'Edits & Reglemens pour l'administration de la Justice, (ou Code Pontchartrain.) *Paris* 1712. 2. *v. in* 4.

Arrêts des Grands-Jours d'Auvergne. *Clermont* 1666. *in* 4.

N°. 83.

Statuts de l'Ordre de S. Michel. *Par. Imp. R.* 1725. *in* 4. *G. P.*

Arrêts de Bourgogne , par Bouvot. *Geneve* 1623. 2. *v. in* 4,

N°. 84.

Actes de Notoriété de M. le Camus Lieutenant Civil. *Paris* 1709. *in* 4.

Oeuvres de d'Olive. *Lyon* 1649. *in* 4.

Plaidoyers de Quarré. *Par.* 1664. *in* 4.

Privileges de l'Université de Paris. *Par.* 1674. *in* 4.

Coutumes de Lille. *Lille* 1723. *in* 4.

Seldenus de Dominio Maris. *Lugd. Bat.* 1636. *in* 4.

Recueil sur le differend d'entre les Pairs de France & les Présidens au Mortier du Parlement; avec l'Arrêt en faveur des Pairs. *Par.* 1664. *in* 4.

Recueil concernant la Noblesse , & la recherche des Usurpateurs de Noblesse. *MS. & imprimé in 4.*

Histoire abrégée des Conciles Généraux. *MS. in 4.*

Recueil sur les Matieres Bénéficiales. *MS. in 4.*

Nº. 85.

Mémoires des Affaires du Clergé, délibérées en 1576. 79. 80. 85. & 86. par de Taix. *Par.* 1625. *in* 4.

Recueil des Affaires du Clergé. *Par.* 1636. 5. *v. in* 4.

Procès-Verbal de l'Assemblée de 1643. avec la Satisfaction du P. Noüet , & autres Piéces. *in* 4.

Actes & Mémoires du Clergé de l'Assemblée de 1645. & 46. *Par.* 1652. *in* 4.

Ordinationes Cleri Gallicani circà Regulares, promulgatæ in Comitiis anni 1645. cum comment. Franc. Hallier. *Paris. Vitré* , 1665. *in* 4.

Discours aux Ministres P. R. appellés par ordre du Roi à une Conférence avec le Clergé. *Paris* 1657. *in* 4.

Relat. des Delibérations du Clergé sur les Constitutions contre les cinq Propositions de Jansenius, (par M. de Marca.) *in* 4.

Procès- Verbal de l'Assemblée de 1681. & autres Piéces , touchant la Régale. 2. *v. in* 4.

Délibérations des Evêques pour la condamnation du Livre de M. de Fenelon , en 1699. *in* 4.

Abregé des Mémoires du Clergé publiés par le Gentil , par Regnoust. *Par.* 1677. *in* 4.

Abregé des Mémoires du Clergé , par Borjon. *Paris* 1696. *in* 4.

Recueil des Remontrances , Edits &c. concernant le Clergé. *Par.* 1606. 2. *v. in* 8.

Autre Recueil concernant le Clergé, par Peyrissac. *Par.* 1625. & 26. 3. *v. in* 8.

Autre Recueil concernant les Affaires du Clergé. *Par.* 1635. *in* 8.

Traité du Clergé, de l'autorité des Evêques &c. par Jean du Tour. *Par.* 1638. *in* 8.

Pratique du Droit Canonique, selon l'usage de France. *Par.* 1633. *in* 8.

Considerations sur les Affaires qui doivent être proposées dans l'Assemblée de 1681. *in* 12.

Actes des Assemblées de 1682. & 85. concernant la Religion ; avec les Arrêts & Ordonnances pour la supression des Livres Hérétiques. *in* 12.

N°. 86.

Stiles Civil, Criminel, des Saisies réelles, & du Conseil, par Gauret. 4. *v. in* 4.

Pratique judiciaire d'Imbert, commentée par Guenois. *Par.* 1612. *in* 4.

N°. 87.

Dictionnaire de Marine, par Aubin. *Amst.* 1702. *in* 4. *fig.*

Ordonnance de la Marine de 1681. commentée & conférée. *Par.* 1714. *in* 4.

Ordonnance pour les Armées Navales & Arsenaux de Marine, de 1689. *Par.* 1689. *in* 4.

N°. 88.

Praticien François de Lange. *Par.* 1706. *in* 4.

Danty de la preuve par Témoins en matiere civile. *Par.* 1715. *in* 4.

Traité des Hypotheques, par Estienne. *Rouen* 1705. *in* 4.

Dernusson de la Subrogation. *Par.* 1685. *in* 4.

Guyné de la Representation. *Par.* 1727. *in* 4.

Arrêts de Chenu. *Par.* 1620. *in* 4.

Arrêts de Corbin. *Par.* 1611. *in* 4.

Questions notables de Droit. *Grenoble* 1702. *in* 4.

Doctrine des Arrêts, par Jovet. *Par.* 1663. *in* 4.

Plaidoyers de M.M. de Corberon & de Sainte-Marthe. *Par.* 1693. *in* 4.

Le Procès Civil, par le Brun. *Lyon* 1607. *in* 4.

N°. 89.

Praticien des Juges & Consuls, ou traité de Commerce de Terre & de Mer. *Par.* 1742. *in* 4.

Recueil concernant la Jurisdiction Consulaire de Paris. *Par.* 1668. *in* 4.

Instituts du Droit Consulaire, par Toubeau. *Bourges* 1700. *in* 4.

Le parfait Négociant, avec les Paréres du Commerce, par Savary. *Par.* 1675. & 88. 2. *v. in* 4.

N°. 90.

Arrêts notables des différens Tribunaux du Royaume, par M. Augeard. *Par.* 1710. & *suiv.* 3. *v. in* 4.

N°. 91.

Science des Notaires, par de Ferriere. *Par.* 1715. 2. *v. in* 4.

Procès verbal des Ordonnances civile & criminelle. *Par.* 1724. *in* 4.

Conférence des Ordonnances, par Bornier. *Par.* 1719. 2. *v. in* 4.

N°. 92.

Conférence de l'Ordonnance des Eaux & Forêts. *Par.* 1725. 2. *v. in* 4.

Mémorial alphabétique des Eaux & Forêts, par M. Noël. *Par.* 1737. *in* 4.

N°. 93.

Vies des Saints. *Par.* Robustel, 1697. 4. *v. in* 8.

N°. 94.

Recueil d'Edits, Arrêts, &c. concernant la Compagnie des Indes. 3. *v. in* 4.

Réglemens concernant l'Hôtel des Invalides. *Par.* Imp. R. 1728. *in* 4.

Conférence des Ordonnances & Arrêts concernant la recherche des Usurpateurs du titre de Noblesse. *Par.* 1668. .. .. Projet de Taille tariffée, par l'Abbé de Saint-Pierre. *Par.* 1723.

Nouveau projet d'une Taille réelle, où l'on fait voir les erreurs de la Dixme Royale de M. de Vauban. *MS. in* 4.

De l'établiſſement & du pouvoir des Parlemens de France. *MS. in* 4.

Juriſprudence du Digeſte, conférée avec le Droit François, par de Ferriere. *in* 4. *tome* 2.

Stile des Chancelleries, par du Sault. *Par.* 1684. *in* 4.

Recueil des Mémoires, Factums & Harangues de Louis de Sacy. *Par.* 1724. 2. *v. in* 4.

Recueil de Bulles, Titres & Statuts de l'Ordre de Saint Antoine de Viennois. *in* 4.

Portefeuille de Reglemens & Pieces concernant les Avocats aux Conſeils du Roy. *in* 4.

Deux Portefeuilles de Brochures & Pieces curieuſes ſur différens ſujets. *in* 4.

Recueil de Bulles, Cenſures & Arrêts, concernant les cinq Propoſitions de Janſenius. *in* 8. *ſans frontiſpice.*

N°. 95.

Recueil d'Edits & Reglemens enregiſtrés au Parlement de Rouen., depuis 1660. juſqu'en 1712. 4. *v. in* 4.

Recueil d'Edits & Reglemens particuliers au Parlement de Flandre. *Douay* 1730. 2. *v. in* 4.

N°. 96.

Recueil des Reglemens concernant les Droits réſervés. *Par.* 1723. *in* 4.

Conférence de l'Ordonnance des Aydes, par Jacquin. *Par.* 1727. *in* 4.

Bail des Fermes de Carlier. *in* 4.

Bail des Fermes de Forceville. *in* 4.

N°. 97.

Recueil concernant les Droits de Contrôle. *Par.* 1724. *& ſuiv.* 4. *v. in* 4.

Recueil concernant le Droit de Confirmation. *Par.* 1727. *in* 4.

N°. 98.

Recueil concernant les Droits d'Amortiſſemens, Franc-Fiefs, &c. *Paris* 1729. *& ſuiv.* 5. *t. en* 4. *v. in* 4.

N°. 99.

Recueil des Ordonnances & Reglemens concernant les Droits d'Aydes, juſqu'en 1740. *Par.* 1725. *& ſuiv.* 10. *v. in* 4.

Recueil des Tarifs des Droits d'Aydes. *Par.* 1724. *in* 4.

Table alphabetique des Reglemens des Aydes, par Brunet de Granmaiſon. *Par.* 1727. *in.* 4.

N°. 100.

Recueil des Ordonnances concernant les Domaines & Droits de la Couronne. *Par.* 1690.*& ſuiv.* 3. *v. in* 4.

Traité des Droits & Domaines du Roy, par Berthelot du Ferrier. *Par.* 1725. *in* 4.

N°. 101.

Gloſſaire du Droit François, par de Lauriere. *Par.* 1704. 2. *t. en* 1. *v. in* 4.

Dénombrement du Royaume. *Par.* 1720. 2. *t. en* 1. *v. in* 4.

Us & Coutumes de la Mer. *Rouen* 1671. *in* 4.

N°. 102.

Recueil d'Edits & Reglemens, concernant la Maréchauſſée. *Paris* 1697.*&* 1717. 2. *v. in* 4.

Recueil d'Edits & Reglemens concernant les Greffes. *Par.* 1725. *in* 4.

Recueil concernant les Droits d'Amortiſſemens &c. *tomes* 3 *&* 4. 2. *v. in* 4.

Privileges de l'Univerſité d'Angers. *Angers* 1736. *in* 4.

Diſcours ſur les Armemens de Marine faits en Provence, au ſujet du Droit des Treſoriers de la Marine. *in* 4.

N°. 103.

Histoire de l'Ordre de Malthe, par de Vertot. *Par. 1726. 4. v. in 4. fig.*

N°. 104.

Arrêts de Toulouse, par de la Rochflavin & Graverol. *Toulouse 1682. in 4.*

Arrêts de Toulouse, par de Catellan. *Toulouse 1730. 2. v. in 4.*

Observations sur les Arrêts de Catellan, par de Vedel. *Toulouse 1733. in 4.*

Arrêts de Toulouse, par Albert. *Toulouse 1731. in 4.*

N°. 105.

Institutes de Justinien conférées avec le Droit François, par de Boutaric. *Toulouse 1740. in 4.*

Arrêts de Toulouse, de Cambolas. *Toulouse 1735. in 4.*

Traité des Curés primitifs, par. Furgole. *Toulouse 1736. in 4.*

Arrêts de Tournay, par Pinau & des Jaunaux. *Valenc. 1702. & 1715. 4. t. en 2. v. in 4.*

Arrêts du Parlement de Flandre, par Pollet. *Lille 1716. in 4.*

N°. 106.

Droit de la Nature & des Gens, trad. de Pufendorf par Barbeyrac. *Amst. 1734. 2. v. in 4.*

Droit de la Guerre & de la Paix, trad. de Grotius par de Courtin. *Par. 1687. 2. v. in 4.*

Traité de Paix entre le Roi & l'Empereur, en *1738. in 4. br.*

N°. 107.

Traité de la Noblesse, par de la Roque. *Rouen 1735. in 4.*

Recueil d'Edits & Reglemens, concernant les Droits des Courtiers-Jaugeurs, Inspecteurs des Boucheries, & Inspecteurs des Boissons. *Par. 1726. in 4.*

Insti-

Inſtitutions du Droit-Belgique, par M. de Ghewiet.
.*Lille* 1636. *in* 4. G. P.

N°. 108.

Recueil d'Edits, Déclarations & Arrêts, depuis
1545. juſques & compris ᵐᵈᶜˡ. le tout en 79. *1750*
v. in 4. reliés, & en 26. liaſſes *in* 4.

Recueil d'Edits, Déclarat. & Arrêts, depuis 1559.
juſqu'en 1689. *in* 8.

Recueil des Arréts des Grands-Jours de Poitiers,
en 1634. & 35. *in* 8.

Recueil d'Édits & Arrêts, concernant la Religion
P. R. *Par.* 1701. *in* 8.

Recueil concernant les Greffiers des Inſinuations
Ecclef. & des Domaines des Gens de Main-
morte. *Par.* 1722. *in* 4.

Code Civil de 1667. *in* 4.

Ordonnance de la Marine de 1681. *in* 4.

Diction. des Aydes, par Brunet de Granmaiſon.
Par. 1730. *in* 12.

Traité de la Nobleſſe & dignité des Offices des
Treſoriers de France de Paris. *Lille* 1736. *in* 4.
br. ex. d.

Remarq. ſur la Cout. de Normandie, avec les Ar-
rêts rendus en interpret. d'icelle, & un Traité
des Hypotheques ſelon la même Cout. *MS.* 4. *v.*
in 4. & *in* 8.

Stile, uſance & forme de procéder du Baillage de
Touraine & Siege Préſidial de Tours. *in* 4.

Traité des Élections, par de Vulſon. *Grenoble*
1623. *in* 4.

Privileges de la Ville de Nantes. *Nantes* 1734.
in 8. *br.*

Reglement des Corps d'Arts & Métiers de Nantes.
Nantes 1723. *in* 4. *br.*

N°. 109.

Hiſtoire de l'Edit de Nantes, par Benoiſt. *Delft*
1693. 5. *v. in* 4.

C

Nᵒ. 111.

Hist. du Conseil du Roy, par Guillard. *Par.* 1718. *in* 4.

Recueil d'Arrêts concernant le Commerce. *Par.* 1698. *in* 4.

Mémoires concernant les Décrets d'Immeubles situés en Normandie, par Frolland. *Par.* 1729. *in* 4.

Nᵒ. 112.

Commentaire sur les Libertés Gallic. par Dupuy ; avec les Notes de l'Abbé Lenglet. *Par.* 1715. 2. *v. in* 4

Maillart sur la Coutume d'Artois. *Par.* 1704. *in* 4.

Nᵒ. 113.

Arrêts de Bretagne , par Frain & Hevin. *Rennes* 1684. 2. *t. en* 1. *v. in* 4.

Consultations & Observat. sur la Coutume de Bretagne , par Hevin. *Rennes* 1734. *in* 4.

Arrêts de Bretagne , avec les Observat. de Sauvageau. *Nantes* 1712. *in* 4.

Ordonnances & Reglemens des Eaux & Forêts , avec les annot. de Rousseau. *Par.* 1648. *in* 4.

Traité du Droit de Regale , *MS.* & autres Pieces sur le même sujet. *in* 4.

Nᵒ. 114.

Traité des Criées, par Bruneau. *Par.* 1704. *in* 4.

Traité des Fiefs , par de Ferriere. *Par.* 1680. *in* 4.

Notes de du Moulin sur les Coutumes de France , mises par matières. *Par.* 1715. *in* 4.

Observat. sur le Droit Coutumier , par Brunel. *Saint-Omer.* 1724. *in* 4.

Arrêts de Papon. *Par.* 1607. *in* 4.

Bugnyon des Loix abrogées, trad. par Guenois. *Par.* 1605. *in* 4.

Cout. & Ordonnances du Comté de Bourgoingne. *Lyon* 1540. *in* 4.

Traité des Fiefs, par Pocquet de Livoniere. *Par.* 1741. *in* 4.

Traité des Fiefs, par M. Guyot. *Par.* 1738. *& suiv.*
4. *t. en* 2. *v. in* 4.

N°. 116.

Recueil des Reglemens concernant les Manufactu-
res & Fabriques du Royaume. *Par. Imp. R.*
1730. 4. *v. in* 4. *mar.*

N°. 117.

Novitius, ou Dictionnaire Lat. & Fr. (par Ma-
gniez.) *Par.* 1721. 2. *t. en* 1. *v. in* 4.

N°. 118.

Reglemens concernant les Procureurs au Parle-
ment. *Par.* 1694. *in* 4.

Anciens Baux des Domaines, Aydes & Gabelles.
2. *v. in* 4. *& un v. in* 12.

Abrégé de l'Histoire de France des deux premie-
res Races. *MS.* 2. *v. in* 4.

Conquêtes de la France sous chaque Regne. *MS.*
in 4.

N°. 120.

Sermons & Conférences de M. Massillon. *Par.*
1745. *& suiv.* 12. *v in* 12. *pap. fin.*

N°. 121.

Code des Curés. *Par.* 1736. 2. *v. in* 12.

Du Perray des Portions congrues. *Par.* 1739.
2. *v. in* 12.

Du Perray des Dixmes. *Par.* 1719. *in* 12. *ex. d.*

Notes & Observat. sur l'Edit de la Jurisdiction Ec-
clesiast. par le même. *Par.* 1723. 2. *v. in* 12.

Institutes Coutumieres de Loisel, avec les Notes
de de Lauriere. *Par.* 1710. 2. *v. in* 12.

Nouvelle Institution Coutumiere, par de Ferriere.
Par. 1692. 3. *v. in* 12.

N°. 122.

Almanachs Royaux, depuis 1717. jusqu'à 1748.
21. *v. in* 8. N°. 123.

Recueil des Ordonn. & Reglem. sur le fait des Ay-
des. *Par.* 1724. 3. *v. in* 12.

Traité des Aydes, par des Maifons. *Par.* 1666. *in* 8.

Les Aydes de France & leur Regie, par de Roquemont. *Par.* 1704. *in* 12.

Traité des Aydes, par Affe. *Par.* 1715. *in* 12.

Commentaire fur le fait des Aydes, par Dubois. *Par.* 1722. *in* 12.

Dictionnaire des Aydes, par Brunet de Granmaifon. *Par.* 1726. *in* 12.

Code des Tailles. *Par* 1723. *in* 12.

Mémorial alphabétique des Tailles. *Par.* 1724. *in* 8.

Recueil des Réglemens concernant le Papier & le Parchemin timbrés, par Denizet. *Par.* 1705. *in* 12.

Ordonnance des Eaux & Forefts de 1669. avec les Edits & Arrefts poftérieurs. *Par.* 1683. *in* 12.

Traité du Droit de Chaffe, par de Launay. *Par.* 1681. *in* 12.

Le même, augmenté des Ordonn. & Reglem. concernant la Chaffe. *Par.* 1681. *in* 12.

Jurifprudence des Chaffes, *Par.* 1688. 2. *v. in* 12.

Code des Chaffes. *Par.* 1720. 2. *v. in* 12.

Origine du Droit d'Amortiffement, par de Lauriere. *Par.* 1692. *in* 12.

Jarry des Amortiffemens, nouveaux Acquêts, & Franc-fiefs. *Par.* 1717. *in* 12.

Code des Commenfaux. *Par.* 1720. *in* 12.

Recueil d'Edits & Reglemens concernant les Confignations. *Par.* 1701. *in* 8.

Queftions fur les Elections d'Héritier, par Vulfon. *Par.* 1669. *in* 12.

De Lauriere des Inftitutions & Subftitutions Contractuelles. *Par.* 1715. 2. *v. in* 12.

Traités de la Légitime, de la Repréfentation, & des fecondes Nôces, par de la Champagne. *Par.* 1720. *in* 12.

Recueil d'Edits & Reglem. concernant les Maria-
ges. *Par.* 1724. *in* 12.

Arrêts du Parlement sur des Mariages clandestins,
en 1601..... Arrest qui défend de faire épreuve
par eau en accusation de Sortilege, en 1601. &
autres Arrests. *in* 8.

Traité des Droits Honorifiq. par Mareschal : nouv.
édit. augmentée. *Par.* 1735. 2. *v* *in* 12.

Recueil des Privileges des Ordres de Mont-Car-
mel & de S. Lazare. *Par.* 1722 *in* 8. *br.*

Recueil des principales Questions de Droit qui se
jugent diversement dans les différens Tribunaux
du Royaume, par Bretonnier. *Par.* 1726.
in 12.

Reglemens des Libraires & Imprimeurs de Paris.
Par. 1731. *in* 12.

N°. 124.

Nouveaux Reglemens pour l'administration de la
Justice. *Par.* 1719. 2. *v.* *in* 12.

Code de la Voyerie. *Par.* 1735. 2. *v.* *in* 12.

Institut. au Droit Franc. (par Argou.) *Par.*
1719. 2. *v.* *in* 12.

Le Grand Aumônier de France, par Roulliard.
Par. 1607. *in* 8.

Le Prevôt de l'Hôtel, & Grand Prevôt de
France, par de Miraumont. *Par.* 1615.
in 8.

Couart sur la Cout. de Chartres. *Par.* 1630.
in 8.

Hist. du Droit Canoniq. par Doujat. *Par.* 1685.
in 12.

Institut. au Droit Ecclesiastiq. par Fleury. *Par.*
1730. 2. *v.* *in* 12.

Maximes du Droit Canon. de France, par
Dubois & Simon. *Par.* 1703. 2. *v.* *in* 12.

Pratique de Rome pour l'expédition des Pro-
visions des Bénéfices, par Castel; avec les re-

marq. de Noyer. *Par.* 1689. *in* 12.

Hift. du Droit Romain, par de Ferriere. *Par.* 1718. *in* 12.

Inftitutes de Juftinien, Lat. Fr. avec les obfervat. de Cl. Jof. de Ferriere. *Par.* 1719. 6. *v. in* 12.

Colombet Paratitla in Pandectas. *Par.* 1682. *in* 12.

Bronchorftius in Dig. de Regulis Juris antiqui. *Antverp.* 1686. *in* 12.

Traité des Ufures, ou Explic. des Prêts & des Interefts par les Loix, par Collet. 1690. *in* 8.

Roccus de Navibus & Naulo, & Affecurationibus. *Amft.* 1708. *in* 8.

N°. 126.

Oeuvres de Ciceron, trad. par du Ryer. *Par.* 1670. 12. *v. in* 12.

Methode de Bretonneau pour la Langue Latine, par l'obfervation de la Françoife. *Par.* 1672. *in* 12.

Telemaque de M. de Fenelon. *La Haye* 1699. 2. *v. in* 12.

Methode des Methodes, pour les Ecofmptes & Remifes, par de Poix. *Par.* 1648. *in* 8.

Hiftoire de Charles IX. par Varillas. *Cologne* 1686. tome 1.er. *in* 12.

Hiftoire du Commerce & de la Navigation des Anciens, par M. Huet. *Par.* 1716. *in* 12.

Defcription de la Ville de Lifbonne. *Par.* 1730. *in* 12.

N°. 128.

Bible Françoife. *Rouen* 1648. 2. *v. in* 8.

Epitres & Evangiles, avec les Explic. par demandes & réponfes. *Orleans* 1710. 2. *v. in* 12.

Catéchifme de Montpellier. *Par.* 1728. 3. *v. in* 12.

Catéchifme Hiftorique, par Fleury. *Par.* 1683. 2. *v. in* 12. *fig.*

Mœurs des Ifraelités & des Chrétiens, par Fleury.
 Par. 1701. 2. v. in 12.
Reflexions des SS. Peres fur l'Euchariftie. Par.
 1712. in 12.
Mémorial des Confeffeurs & des Pénitens , trad.
 du Latin de Bellarin. Par. 1677. in 12.
Exercices de la Vie intérieure, par de Gonnelieu.
 Par. 1693. in 12.
Du Guet de la Priere publique. Par. 1708. in 12.
Penfées de Pafcal. Par. 1670. 2. v. in 12.
N°. 129.
Mémoires de Baffompierre. Amft. 1721. 4. v. in 12.
Hift. de France , par de Serres. Par. 1630. 4. v.
 in 12.
Voyage de Suiffe & d'Italie , par Burnet. Rott.
 1688. 2. v. in 12.
Quinte-Curce Lat. Fr. par de Vaugelas. Par.
 1709. 2. v. in 12.
Code Leopold. Nancy 1701. 2. v. in 12.
République des Lettres , les trois derniers mois
 de 1700. in 12.
Hift. du Droit Public Ecclefiaftique François.
 Lond. 1740. 2. v. in 12. br.
Geographie de Cluvier , trad. du Lat. in. 8.
N°. 130.
Oeuvres de Rouffeau. Lond. 1731. 3. v. in 12.
Nouv. Oeuvres de Rouffeau. Amft. 1735. in 12 br.
Terence Lat. Fr. in 12.
Poëmes de T. Corneille. Par. 1722. 5. v. in 12. fig.
Le Chevalier des Effars , & la Comteffe de Bercy.
 Par. 1735. in 12.
De Ferriere fur la Coutume de Paris. Tome 1. in 12.
N°. 134.
Inftructions de Nicole fur le Symbole & les Sacre-
 mens. Par. 1740. 4. v. in 12.
Inftruct. fur les Commandemens de Dieu , par
 Bocquillot. Par. 1688. 2. v. in 12.

Expofition de la Doctrine Chret. (par M. Mefen-
guy.) *Utrecht* 1744. 6. *v. in* 12.

Avis d'un Philofophe Chrétien , trad. du Lat. de
Raurac. *Par.* 1740. *in* 12.

Caracteres de la Charité, (par du Guet.) *Amft.*
1727. *in* 12.

Conduite pour la Confeffion & Communion ; par
ordre de M. de Noailles. *Par.* 1742. *in* 16.

Exercices pour l'Adoration du S. Sacrement, par
Vaubert.... Dévotion au facré Cœur de Jefus.
in 16.

Suite de l'Imitation de J. C. ou Opufcules de
Thomas à Kempis , trad. par de Bellegarde.
Par. 1699. *in* 24. *fig.*

N°. 135.

Hift. de Don Quichotte , trad. de l'Efpagnol de
Cervantes. *Par.* 1713. 6. *v. in.* 12. *fig.*

Synonymes François , par Girard. *Par.* 1740.
in 12.

Fables mifes en vers, par de la Fontaine. *Par.*
1729. 2. *t. en* 1. *v. in* 8.

Code Militaire, par M. de Briquet. *Par.* 1734. 4.
v. in 12.

Spectacle de la Nature , (par M. Pluche.) *Paris*
732. 3. *v. in* 12. *fig.*

Abregé de l'Hift. de France, (par M. Henault.)
Par. 1749. 2. *v. in* 8.

N°. 136.

Code de la Librairie & Imprimerie de Paris. *Par.*
1744. *in* 12. *br.*

Reglemens des Manufactures & Teintures d'Etof-
fes. *Par.* 1701. *in* 8. *br. ex. d.*

Statuts des Teinturiers de Soye de Lyon. *Lyon*
1716. *in* 8. *br.*

Arrêt des Grands-Jours de Troyes, en 1583. *in* 8.

Ordonnances & Reglemens des Mines & Minieres
de France. *Par.* 1619. *in* 8.

Plai-

Plaidoyers sur le Privilége de la Fierte de Rouen.
Par. 1608. *in* 8. *br.*

Traité des Indulgences & du Jubilé, par le P
Honoré de Sainte-Marie. *Par.* 1745. *in* 12. *br.*

Penfées Chrétiennes. *in* 24.

Defcription de l'Abbaye de la Trappe. *in* 12.

Les Hommes illuftres de Rome, trad. d'Aurelius
Victor. *in* 12.

Dix vol. reftans de peu de valeur.

N° 137.

Le Banquier François, ou Pratique des Lettres de
Change. *Par.* 1724. *in* 8.

Inftruct. des Négocians. *Blois* 1744. *in* 12.

Ordonnances fur le Fait des Eaux & Forefts, par
Guill. Martin. *Orleans* 1582. *in* 8.

Edits & Ordon. des Eaux & Forefts, par Durant.
Par. 1614. *in* 8.

Ordonnances fur le Fait de l'Amirauté. *Rouen*
1637. *in* 8.

Reglemens concernant le Commerce & Fabrique
des Draps d'or, d'argent & de foye, & autres
Etoffes de Lyon. *Lyon* 1720. *in* 8.

Recueil d'Edits & Arrêts concernant les Tréforiers
de France. *in* 8.

Recueil d'Edits & Arrets concernant les Elections,
& autres Officiers. *in* 8.

Code Civil. *in* 12.

Code des Aydes & Gabelles. *in* 24.

Coutume du Comté d'Artois. 1679. *in* 8.

Projets pour la réformation des Cout. d'Artois, par
Brunel. *Douay* 1735. *in* 8.

Cout. de Bretagne, avec les obfervat. de M. de
la Bigotiere. *Rennes* 1694. *in* 12.

Coutumes de Lorraine. *Metz* 1682. *in* 12.

Penfées diverfes fur l'Homme, (par M. Pecquet.)
Par. 1738. *in* 8.

Terence Lat. Fr. *in* 12.

Lettres d'Arnauld d'Andilly. *Par.* 1676. *in* 12.
Ciaconius de Triclinio. *Amst.* 1664. *in* 12. *fig.*
Six vol. restans de peu de valeur.

N°. 138.

Catalogue des Livres du Comte de Hoym, avec la Table. *in* 8.
Catal. des Livres de M. le Maréchal d'Estrées. 2. *v. in* 8.
Catal. des Livres de la Comtesse de Verrüe. *in* 8.
Catal. des Livres de M. le Pelètier des Forts. *in* 8.
Catal. des Livres de M. Gluc de Saint-Port, avec la Table. *in* 8.
Paquet de plusieurs autres Catalogues. *in* 8. & *in* 12.

Livres non compris dans l'Inventaire.

N°. 139.

Le Théatre François, ou Recueil des meilleures Piéces de Théatre. *Paris* 1737. 12. *v. in* 12.
Théatre de P. & T. Corneille. *Par.* 1738. 11. *v. in* 12.
Oeuvres diverses de P. Corneille. *Par.* 1738. *in* 12.
Oeuvres de Racine. *Paris* 1741. 2. *v. in* 12. *fig.*
Etat de la France, par le Comte de Boulainvilliers. *Lond.* 1737. 6. *v. in* 12.

N°. 140.

Sept vol. de differens Codes, sçavoir, Civil, Committimus, Marchand, des Fermes, Tarif des Entrées & Sorties, de la Prevôté des Marchands, & Reglement du Conseil. *in* 24.
Nouvelles Ordonnances de Louis XV. *Par.* 1740. *in* 24.
Table alphabétique des Edits & Arrêts du Parlement de Besançon. *Besançon* 1730. *in* 8.
Cout. de Normandie, avec les Edits, Arrêts & Reglemens. *Rouen* 1742. *in* 16.
Regles du Droit François, par Pocquet de Livoniere. *Par.* 1744. *in* 12.
Traité des Elections, par Viéville. *Par.* 1739. *in* 8

Nouveau Formulaire des Procedures du Parlement
& des Requêtes. *Par.* 1738. *in* 12.
Catilina, Traged. de M. de Crebillon. *in* 12. *br.*
Hist. d'Emilie , par Mad. Meheust. *Par.* 1732.
in 12.

N°. 141.

Paquet de Brochures, Factums & Mémoires.

N°. 142.

Plan de la Ville d'Angers, collé fur toile & monté
en gorge.
Le Cours du Po, en cinq Cartes du P. Placide,
divifées & enluminées.

FIN.

LA Vente des Livres de feu M. Mariot, se fera en détail Lundi 13 Septembre 1751. & jours suivans, depuis deux heures de relevée jusqu'au soir, en la maison où il est decedé, rue Guenegaud. Les Livres seront exposés dans l'ordre qui suit.

Lundi 13 Septembre,

Les Livres compris sous les Nº. 124. 75. 76. 77. 79. 80. 82. 83. 84. 34. 35. 36. 37. 38. 39. 40. 41. 42. 43. 44. 126. 129. 72. 1. 2. & 13.

Mardi 14. Septembre,

Les Livres des Nº. 121. 123. 86. 87. 88. 89. 90. 63. 64. 65. 66. 67. 70. 130. 135. 6. & 78.

Mercredi 15 Septembre
Les Livres des Nº. 136. 140. 91. 92. 94. 95. 96. 97. 98. 99. 100. 101. 3. 4. 5. 7. 8. 9. 10. 15. 16. 17. 18. 19. 20. 128. 109. 117. 61. & 14.

Jeudi 16 Septembre,

Les Livres des Nº. 137. 46. 47. 48. 49. 50. 85. 102. 104. 105. 106. 107. 21. 22. 23. 24. 25. 26. 27. 28. 29. 30. 32. 33. 31. & 45.

Vendredi 17. Septembre,

Les Livres des Nº. 93. 120. 122. 134. 138. 139. 141. 142. 108. 111. 112. 113. 114. 115. 116. 118. 51. 52. 53. 54. 55. 56. 57. 58. 59. 69. 81. 103. 11. 12. 60. 62. & 68.

Les Tablettes.